GOSCINNY PI UDERZO
IS VOS PERZINT'TE
ÉNE HISTOÉRE À ASTÉRIX

CH'VILLAGE COPÈ IN II

Écrivures pi images d'**Albert UDERZO**

Erterduit in picard par : Alain Dawson - Jacques Dulphy - Jean-Luc Vigneux

Ermis insanne par : Studio 56

LES ÉDITIONS ALBERT RENÉ
26, AVENUE VICTOR HUGO 75116 PARIS.
www.asterix.com

PREAM-BULLES

« *Parler, c'est créer un morceau de monde* », estime Boris Cyrulnik, « *c'est le pétrir, le fabriquer et le faire vivre.* » Le désir lié à la pratique des langues régionales, baptisées « langues de France » au Ministère de la Culture, réside tout entier dans ce croquis dont se sert le célèbre psychiatre pour nous dessiner le langage.

Dans le monde actuel, la quantité d'informations est telle que, pour nous définir, nous reconnaître, nous avons besoin de stimuler certaines cellules anciennes, les archétypes selon C. G. Jung, pour en éteindre d'autres qui ne résonnent pas en nous. Autrement dit, le renouveau des langues régionales (environ 250 000 enfants apprennent une langue régionale à l'école) répond à une quête du sens, à une résistance positive face à une culture dominante. Par Toutatis, voilà bien un combat pour Astérix !

Après le succès en 2004 du premier album d'Astérix en picard (plus de 100 000 exemplaires vendus !), nous avons donc demandé à notre équipe de traducteurs, haute en couleurs, de se remettre au travail en mettant la barre encore plus haut : concilier la langue du nord avec celle du sud ! L'objectif est largement atteint, selon tous les audits et rapports secrets que nous avons commandités pour surveiller en douce le travail de nos traducteurs. Par Toupicard, dieu célèbre dans les contrées au nord de la Celtique et au sud de la Belgique, vous avez entre les mains un ouvrage en picard « harmonisé » comme personne n'a jamais su et pu le réaliser avant…! On en parlera encore dans les siècles à venir, je vous le dis ! Il n'y a plus de fossé, plus de débat, le village n'est plus coupé en deux ! Vive les picardisants ! Vive Astérix !

À bientôt 50 ans, le petit Gaulois, imaginé par René Goscinny et Albert Uderzo, est maintenant traduit en **104 langues et dialectes**.

© 2007 LES ÉDITIONS ALBERT RENÉ / GOSCINNY-UDERZO
Dépôt légal : mai 2007
Impression en mai 2007 - n° 211-2-01
ISBN 978-2-86497-211-2

Impression et reliure : Le groupe Lesaffre en Belgique

Loi n° 49956 du 16 juillet 1949 sur les publications destinées à la jeunesse

CH'VILLAGE GAVLOÉS

BÉDSVM

LAVDANVM

AQVARIVM

VIVJONVM

ARMORIQVE

BELGIQVE

•LVTÈCHE

GAVLE
(RIMBOVRNAGE ROMAIN)
50 edvant J.C.

CELTIQVE

AQVITAINE

PROVINCE
ROMAINE

S SONME IN CHINQUANTE ÉDVANT JÉSUS-CHRIS'. TOUT L'GAULE AL
ST OCUPÈE PAR CHES ROMAINS... TOUT L'GAULE ? À Y RAVISER D'PU
RÉS : NON, POINT TOUTE ! I RÉSSE COR UN TCHOT VILLAGE AVEUC
ES GAULOÉS QU'I N'ONT POINT BACHÈ LEUS BROS DVANT CHES
NVAHICHEUS. PI CH'EST POINT TOUS LES JOURS DUCASSE, POUR CHES
ÉGIMINTS D'ROMAINS CAMUCHÈS DIN LEUS CAMPEMINTS D'BÉDSUM,
'AQUARIUM, ED LAUDANUM, ET PI D'VIUJONUM !...

VLO ASTÉRIX. SANS LI, POINT D'AVINTURE QU'AL TIENCHE. CH'EST UN TCHOT WÉRIER, FIN ERNARÈ PI MALIN CONME UN FICHEU. TOUS CHES AFOAIRES UN MOLÉ DAINGEREUSES, CH'EST POUR LI. ASTÉRIX I TIENT S'FORCHE DU DIABE ED CHEL BOCHON MAGIQUE D'ECH DRUIDE PANORAMIX.

LI, CH'EST OBÉLIX. LI PI ASTÉRIX, CH'EST SAINT ROC ET PI SIN TCHIEN. OBÉLIX IL EST CARIEU D'MÉNHIRS, CH'EST UN FAMEU MINGEU D'POURCHAUS SINGLIERS, ET PI UN AMATEU D'BONNÉS TAMPONNÈES. OBÉLIX I LAICHROT TOUTE IN PLANT POUR SUIRE ASTÉRIX DIN ÉNE NOUVELLE AVINTURE. SIN TCHIEN IDÉFIX IL EST TOUDI DIN SES GAMBES. CH'EST UN TCHIEN ÉCOLOGISSE QU'I BRAIT D'DÉTRÉCHE DRÉ QU'IN TRONDÉLE UN ABE.

PANORAMIX CH'EST CH'VIU DRUIDE D'ECH VILLAGE. I CUEULLE CHES RAMONS D'CHORCHÈLE ET PI I CAUDRONNE DES BOCHONS MAGIQUES. ÉS GLOÉRE, CH'EST CHELE-LO QU'AL FOAIT SURPASSER SES FORCHES À CHTI-LO QU'I NIN LAPE. MAIS PANORAMIX IL A COR ÉDS EUTES ERCHÈTES DIN SIN FORNI !

CANGEDDIX, LI CH'EST CH'CANTEU. DIRE EQ TOUT L'MONDE I PRINCHE DU PLAISI À LL'ACOUTER, CH'EST MINTIR. À SN'IDÈE, I TREUVE PUTOT QU'IL A DU TALINT, POUR ÉCHS EUTES CH'EST ÉNE PITÈ À INTINDE. MAIS I FEUT RCONNOÈTE EQ QUANTE I N'CANTE POINT, CH'EST UN BON COMARADE, FIN AMITIEU.

PI POUR NIN DÉFINIR VLO GROULTOUDIX. CH'EST LI CH'CHÉF. GLORIEU, BRAVE ET PI UN MOLÉ CATÉRNEU, CH'EST UN VIU WÉRIER QU'IL EST CONSIDÉRÈ D'SES GINS, TOUT AUTANT QU'SES RIVALS I S'DÉMÉFI'TE ED LI. GROULTOUDIX I N'A QU'UN FREU : QU'ECH TEMPS I LI QUÈCHE SU S'CABOCHE. MAIS, CONME I DIT TOUDI : « CH'EST POINT POUR EDMAIN ! »

QUÈQUE PART D'IN CHES GAULES, D'IN UN TCHOT VILLAGE QU'I RSANNE GRAM'INT À CH'TI D'ASTÉRIX...

MARGRÉ QU'TOUTE I SANNE TRINQUILE, I S'PASSE ÉNE SAIQUOI D'DROLE : CH'VILLAGE IL EST COPÈ IN DEUX PAR UN GRAND TREU. POINT MOÏEN D'PASSER D'UN COTÈ D'EUTE.

CHÉTOUTAMIX
IL A TÉ ÉLI CHEF PAR EL MITAN D'GUEUCHE D'ECH VILLAGE.

CHES-LÀ D'IN FACHE IS PEUT'TE NIN PINSER CHOU QU'IS NIN VEUT'TE, CH'EST MI CH'CHEF D'ECH VILLAGE !

DESSÉPARATIX
IL A TÉ ÉLI CHEF PAR EL MITAN D'DROÉTE.

ECH VILLAGE, CH'EST MI !

IL A FOLU MAGINER SAQUANTS ARINGEMINTS POUR VIVE AVEUC CHO...

PI CHES GAULOÉS D'CHES DEUX MITANS IS SONT TOUDI À MOUTRER QUOÉ QU'IS PINS'TE ED L'ÈNE L'EUTE.

PRRRR! PRRRRR!

DES CŒUPS, IS N'ONT POINT SEU MAGINER CHES ARINGEMINTS QU'IL AROT FOLU...

?!

?!

N'Y-A QU'CHES TCHOTS QU'IS TREUV'TE CHO INTÉRESSANT, UN INFNOUILLAGE CONME CHO.

CROC!

OS N'AVEZ PON L'DROT ! CHL'ABE-LÀ CH'EST À MI !!!

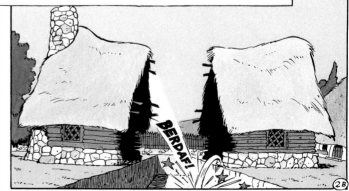

I N-N'O QU'IS N'ONT POINT VOLU CUSIR. CHA LEU DONNE GRAMINT DES RUSES.

VIENS MINGER !

M'VLA, MIN BRADÉ !

BERDAF!

6

MES BONS AMISSES, MES CHOCHONS ! AVNEZ VOUS METTE AU RADO D'MIN BOUCLIER IN AIRAIN, IN DOR PI IN ARGINT ! AVEUC MI, CROÏEZ-ME, CHA SRA CHACUN SIN PAIN, CHACUN SN'HÉRING !

N'ACOUTEZ MIE DESSÉPARATIX, CH'EST UN HAPCHAR QU'I VEUT TOUT VOUS PRINDE, MÊME CHES PLEUMES À VOS BARETTES !

VNEZ AVEUC M...

PLOTCH !

VLA CHOU QU'ECH PEUPE I RINFIQUE À CHÉTOUTAMIX, ECH MINTEU, ECH SOUQUARD, QU'I SROT CAPABE ED BRADER NO VILLAGE À CHES BURGENSIS (*) ED ROME TELMINT QU'IL AGLAVE APRÉ CH'POVOIR !

* CHES BOURJOTINS, IN LATIN

MES AMISSES ! PASSEZ PA-DZEUR ECH FONSÉ QU'I NOUS DESSÉPARE !

EJ VOUS RAT...

PLOTCH !

SI QU'CH'EST CONME CHA, VUIDE DÉYOR PI QUÉMINCHE À T'BATTE, J'ARIVE !

CH'EST CHA ! TI, T'ERPASSERAS PA MIN GARDIN, AVEUC TOUT T'BINDE ED DÉRACÉS !!...

PRRRRRR! PRRRRRR!

8

9

DIN UN EUTE TCHOT VILLAGE QU'OS CONNICHONS BIEN TERTOUS, DÙ QU'TOUTE I SANNE TRINQUILE...

SI TOUTE I SANNE TRINTCHILLE DIN NO TCHOT VILLAGE QU'OS CONNAISSONS BIEN TERTOUS, CH'EST À CŒUSE EQ CHES ROMAINS IS FOAIT'TE LEU MOUSE, ASTÉRIX !

NON, OBÉLIX ! CH'EST À CŒUSE QU'IS S'DÉMÉFIT'TE D'NOUS !

?!

QUOÉ QU'TU FOAIS JOUTCHÈ SU CHOL CARETTE-LO, GROULTOUDIX, NO CHEF ?

HEUM ! ... EUH... J'M'IN VOS À COMMISSIONS POUR BOÉNEMINE, AL... AL EST UN MOLÉ DÉBISTRAQUE À CH'MOMINT-CHI !...

PI CHOL CARETTE ?

AH, CHO ? CH'EST ÉNE IDÈE QU'J'AI YEUE POUR ÉN' PU ÊTE BALÈ À TERRE PÈR CHES DEUX ÉBREUDIS-LO !

ALLEZ, AVANCHEZ TOUTÉ DEUX ! OZ Y VO ! ACHTEURE, ÉJ M'IN VOS RESTER BIEN ÉTAMPI... PU D'DANGER QU'ÉJ TCHÈCHE ÉD MIN BOU...

!

POC !

RÉIU !

J'AI IDÈE QU'OS ALLONS ÊTE IN FROÉD AVEUC LI POUR UN BOIN MOMINT !!!

FUCHE ! PU BOS QU'OS EST ASSIS MIU QU'O S'CAUFE !!!

GROULTOUDIX ! TU N'CANGEROS JANMOAIS ! DRÉ QU'J'ÉN' SU PU LO, TI, TU FOAIS L'JACQUE !

10

11

12

IN INTANDI...

CHA T'FAIT ÉNE BELLE GAMBE D'ET' CAPIGNER AINSIN ! TOTAL : ECH VILLAGE IL EST COR PU COPÉ IN DEUX QU'EDVANT !

TI, M'TCHOTE, TE COMPRINS RIEN DIN L'POLITIQUE PI DIN CH'CAPIGNAGE MILITAIRE ! ACHTEURE, VAS DIN T'CAMBE, PI LAICHE-ME AVEUC PICHONPORIX !

T'INTINDS CHA, TI ? SI QU'CHA CONTINUE CONME CHA, TTALEURE AL VA CANTER L'GALLUS * !

D'UN AUTE SIN, CH'EST VRAI QU'ECH CAPIGNAGE D'AUJORDUI CH'ÉTOT CONME PICHER CONTE EL VINT !

* CO GAULOÉS

J'EL SAIS BIEN ! OS N'IN VUIDRONS JAMAIS D'ECHL INCLOÜRE-LÀ !

BEN MI, J'ÉROS BIEN QUITE COSSE À T'PROPOSER, DESSÉPARATIX, NO CHEF !

TE M'LAICHES MARIER ZULMINE PI T'ÉRAS L'SOLUCION À TOUS TES RUSES !

HEIN ? QUO QU'TE VEUX DIRE ?

IN VA QUÈRE CHES ROMAINS !

?!?...

POU MI, TE DÉCAROCHES, PICHONPORIX ! CHES ROMAINS ! PI À T'MODE, POUQUO QU'IS VAROT'TE M'DONNER D'L'AYUDE DIN CHL'AFAIRE-LÀ ?

EJ SAIS QUÉMINT M'Y PRINDE AVEUC CHES SAUDARDS D'ECH CAMPEMINT D'À COTÉ. LAICHE-ME FAIRE, PI BÉTOT, CH'EST TI QU'TE SRAS CH'CHEF ED TOUT CH'VILLAGE !

J'AI PON GRAMINT QUÈR CHA, MI, EQ DES HORZINS IS VIENCH'TE S'INFUTER DIN NOS AFAIRES. PI DES ROMAINS, COR ! CH'A BIAU ÊTE EL PAIX ROMAINNE, IS SONT COR NOS ENNEMIS, ÉNON ?

FAUT PON T'CARMOUSSER ! DRÉ QU'ECHL AFAIRE-LÀ AL SRA OUTE, IS S'ARNIRONT ROUF-ROUF DIN LEU CAMPEMINT !

FUCHE ! J'AI FIATE À TI, PICHONPORIX. CONME DÉ FU FAIT ! MAIS 'TINCION, HEIN : POU TI ÊTE MIN BIAU-FIU, FAUT D'ABORD QU'EJ SEUCHE ECH CHEF À TOUT CH'VILLAGE !

CH'EST CONME SI QU'CHA SROT DJÀ FAIT...
BIAW-PAPA !

TAP !

CH'EST PON BIAU D'ACOUTER À CHES PLANQUES !

PÉTÈTE EQ CH'EST PON BIAU, MAIS IN NN'APRIND DES BELLES !!!

NEULÉMINE, EM BONNE NORICHE, DÉBROUILLE-TE POU TI ALER VIR FONSIX, PI DIS-I QU'CHA CMINCHE À PRINDE ÉNE DROLE D'INFILURE, I FAUT QU'I VIENCHE M'ERTRUVOIR À M'FERNIÈTE À CH'VÈPE. ABILE !!!

QUO QU'CH'EST QU'J'APRINDS ? EM FILE, EM FILE À MI, AL EST ACAMAILLÉE AVEUC CHES-LÀ D'IN FACHE ! NY-A CHI UN TRAITE DIN M'PROPE MASON !

PI MIN PÈRE À MI IL EST PON GÉNÉ D'ALER QUÈRE ED L'AYUDE À MON D'CHES ROMAINS CONTE NOS FRÈRES GAULOÉS !

TAIS-TTE, NONOCHE ! J'M'IN VAS T'RINFREUMER DIN T'CAMBE PI TE N'IN VUIDRA PU QU'POUR TI MARIER PICHONPORIX !

J'AROS PU QUÈR À RAFULER L'CAPIAU CATELINA * !

* CH'EST POUR CHO QU'ACHTEURE IN DIT : " RAFULER SAINTE CATELÈNE "

CH'EST PON LES PEINNES D'EL FORCHER, DESSÉPARATIX... UN BAUDET QU'I FAIT À S'MODE, CH'EST L'MITAN D'ES NORITURE !

RM RM RM RM RM

M'APINSE DÙ QU'EJ VAS QUÈRE TOUT CHA !

EM TCHOTE ZULMINE, EM POUILLETTE ! RAPURE-TE ! TIENS, J'VAS CHI T'BISTOQUER !

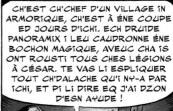

AVEUC CHA, TE VLA BIEN ABISTOQUÉ !

BANG!

11ª

IN INTANDI...

PA ! DÉRINVILE-TE !

HEIN ? QUO QU'I S'PASSE ?

NY-A DESSÉPARATIX PI CH'POURCHAU D'PICHON-PORIX QU'IS VEUT'TE ALER QUÈRE ED L'AYUDE À MON D'CHES ROMAINS POU EUSSE RÉCOUER TOUT CH'VILLAGE !

BON ! SI QU'CH'EST CHA, MIN FIU, TE VAS ALER TRUVOIR GROULTOUDIX. CH'EST UN VIU COMARADE À MI, OS AVONS FAIT GERGOVIE INSANNE !...

CH'EST CH'CHEF D'UN VILLAGE IN ARMORIQUE, CH'EST À ÉNE COUPE ED JOURS D'ICHI. ECH DRUIDE PANORAMIX I LEU CAUDRONNE ÉNE BOCHON MAGIQUE, AVEUC CHA IS ONT ROUSTI TOUS CHES LÉGIONS À CÉSAR. TE VAS LI ESPLIQUER TOUT CH'DALACHE QU'I NY-A PAR ICHI, ET PI LI DIRE EQ J'AI DZON D'ESN AYUDE !

15

... VLA, GROULTOUDIX, ACHTEURE TE CONNOS TOUT CH'CONTE. SANS L'BOCHON MAGIQUE À CH'DRUIDE PANORAMIX PI L'GINGIN À TES WÉRIERS, NO VILLAGE I N'SARA JAMAIS NIN RÉCAPER !

...ÉL "GINGIN À MES WÉRIERS", QU'TU DIS, I M'PORTROÉT PUTOT À RAMONNER DIN MIN VILLAGE ÉDVANT D'ALLER RAMONNER À MON D'ÉCHS EUTES...

MAIS LO, VU QU'CHES ROMAINS IS S'INTIQ'TE DIN VO JU, I FEUT QU'ÉJ PORTE ÉD L'AYUDE À MIN BOIN VIU CAMARADE CHÉTOUTAMIX !

J'T'ERMERCIE DEUX CAUPS, PASQUE SANS RAMISSAGE, J'EN' SARAI JAMAIS DMANDER L'INTRÉE D'EL MASON À ZULMINE !

BROUHOUHOU

?

BROUHOUHOUHO

QUOÉ QU'I S'PASSE, OBÉLIX ?

NIF ! CHES BELLES HISTOÉRES D'AMOUR QU'IS TCHÈT'TE À L'IEU, A M'FOAIT BRAIRE ! RNIF !

PFFF !

MAIS ICHI, CH'EST ÉNE HISTOÉRE QU'A N'FOAIT QU' D'ÉCMINCHER, PI SI NO CHEF I N'Y VOÉT POINT D'IMBARROS, OS IRONS AVEUC FONSIX ERMETTE SIN VILLAGE SU SES DEUX GAMBES !

CH'EST M'BALLE ! HITE... HITE... HITE... AHITE !

OUAH! OUAH!

POUR ÉL MOMINT, OS SOMME TRINTCHILLES AVEUC CHES ROMAINS ! RIEN N'IMPÈQUE QU'ÉJ VOS SUICHE ! IS ÉRONT PÉTÉTE ÉDZOIN D'MI, DIN LEU VILLAGE COPÉ IN DEUX !

UN MOLÉ PU TARD...

I CANTRO-TI ? I CANTRO-TI POINT ?

17

DIN CH'CAMPEMINT D'CHES ROMAINS, À L'APOÉ D'ECH VILLAGE COPÈ IN DEUX...

SAUDÉNEPUS ! TE VOROS POINT CANGER DEUX TOURS DÉ MILACHE CONTE ÉNE CORVÉE D'BUÉE ?

T'ES SOT, TI ? TE M'DOS DÉJA TROS CORVÉES D'PÉLURE ET DEUX CORVÉES D'BASSA-CAMERA * !

AU BURIAU D'ERCRUTEMINT D'OSTIE, IS DISOT'TE : CH'EST DIN LES PAYS CONQUIS QU'IN TREUFE LES ESCLAFES LES PU RÉTUSSES...

À ROME, CÉSAR I NOUS DISOT : "J'COMPTE EDSU VOUS-AUTES POU RÉPOURER TOUS CHES SAUVACHES !"

VOUS SREZ EM BONNE LÉGION, QU'I DISOT...

INGAGEZ-VOUS, RINGAGEZ-VOUS, QU'I...

CHA VA ! IN CONNOT L'CANCHON !

*CH'EST L'BASSE-CAMBE

DÉCURION FOUCHAALUS, ICHI CH'T'UN VRAI POURCHI, ET PI L'MINGER DU CAMPEMINT, AU PU QU'I VA, AU PU QU'CH'EST À DÉLOUFER !

N'Y-A POINT D'AVANCHE, CHINTURION VIENDONBOIRÉNEGOUTEDJUS ! EJ DOS BRUCHER MES SORLERS MI-MÉME, ET PI J'VOS BIEN QU'LES LÉGIONNAIRES IS GROUL'TE PASQU'IS N'ONT POINT D'ESCLAFES !

CH'EST-TI D'EM FAUTE À MI, SI QU'CÉSAR I N'VEUT POINT PRINCHE DES ESCLAFES TOUT L'TEMPS QU'CHA SRA L'PAX ROMANA (*) ?

(*) CH'EST L'PAIX ROMAINNE

14A

OS AVEZ DES RUSES ? MI, J'AI CH'QU'I VOUS FAUT !

?!

TI, L'GAULOIS, TCHIÈCE QU'I T'A DIT D'RINTRER DIN L'CAMPEMINT ?

CH'EST CH'WARDEU QU'IL ÉTOT À L'INTRAIE. QUAND QU'J'AI DIT QU'IL ÉROT UN ESCLAVE IN ÉCANGE, IL ÉTOT MÉME FIN CONTINT, ARIEN !

POU CMINCHER, TCHIÈCE QUÉ T'ES, TI, POU DÉNORTER MES LÉGIONNAIRES ?

EJ SU PICHONPORIX, EL BRAS DROIT À DESSÉPARATIX, EL CHEF D'ECH CORON D'DROITE D'ECH VILLAGE D'À COTAÏ.

BUC ! BUC !

ET PI M'PIED D'GAUCHE, TE LL'AS VU ?

DESSÉPARATIX I DMANDE ETN AYUDE POUR ÉCOITIR CHES TRAITES D'EL BINDE À CHÉTOUTAMIX !

TOUT CHA, CHA N'M'ERWÈTE POINT ! CH'EST VO JOCUS (*) À VOUS, CH'EST POINT L'MIÉNE ! SAQUE TE D'LÀ !

(*) VO JU, IN LATIN

14B

18

BUSIE BIEN, CH'CHINTURION ! SI QU'TE VIENS AIDIER MIN CHEF, CHES CAROTES IS SRONT CUITES POUR CHÉTOUTAMIX ET PI SES GINS. TE PORAS NIN FAIRE DES **ESCLAVES**, TES LÉGIONNAIRES IS SRONT CONTINTS...

PI L'VOLINTÉ À CÉSAR, QUO QU'TE NIN FAIS, L'GAULOIS ?...

BUSIE COR, ECH ROMAIN ! T'AS L'MITAN D'ECH VILLAGE AVEUC TI POUR ES BATTE, PI L'AUTE MITAN POU NIN FAIRE EDS ESCLAVES !

T'AS BIAU DIRE, J'AI POINT QUÈR ET' TIÈTE ED SAURET ! VAS-T-IN O BIEN J'TE FAIS NÉTIER TOUT L'FIEN DU CAMPEMINT !

OS SONME DES SAUDARDS, POINT DES GOUJARDS!

OS VOLONS DES ESCLAFES!

WARDACHE-MÉNACHE: CH'EST FINI!

J'RINDS MN'ACOURCHEU!

?!

CHA QUÉMINCHE À SINTIR L'ASI, VIENDONBOIRÉNEGOUTEDJUS ! MI, J'TREUFE QU'IN DVROT L'ACOUTER, CH'GAULOIS-LÀ. PI CÉSAR, I SRA CONTINT D'VIR QUÉ SES SAUDARDS IS CARIT'TE DROT !

BON, IN DIROT QU'TERTOUS I M'LAICHE QUÈRE ! RAHOUPE ECH GAULOIS PI DIS-I QU'CH'EST D'ACORD !

HOLA ! POU TI POVOIR VUIDIER D'NO CAMPEMINT, I FAUT QU'TE M'PROUMÈCHES COR UN ESCLAFE !

ATINDS, CH'GAULOIS !...

TE PEUX ALER DIRE À T'CHEF QU'IN VA L'AIDIER. FAUT SEULMINT QU'I NOS LAICHE EL TEMPS D'ESPLIQUER À NOS LÉGIONNAIRES ED QUO QU'I NIN RTORNE !

HÉ HÉ ! J'SU VRAIMINT CH'PU PORI D'TOUS CHES PU PORIS ! PI CH'EST PON COR FINI... DRÉ QU'J'ÉRAI MARIAÏ EL TCHOTE ZULMINE, J'ÉRAI BÉTOT FAIT D'ARSAQUER CH'GROS BEUTIER D'DESSÉPARATIX PI CH'EST MI QU'EJ SRAI CH'VRAI CHEF D'ECH VILLAGE !

CH'EST DROLE, IN DIROT QU'CHA SINT L'SAURET...

NIF ! NIF !

O DIROÉT QU'EST FIN TRINTCHILLE DIN TIN VILLAGE, FONSIX !

IN TOUS CAS, I Y O DIN L'AIR D'ICHI DES SINTIMINTS GRAMINT PU RÉGALANTS QU'DIN L'NOTE !

N'Y-A PON D'FIATE À AVOIR. ECH FU I SOUQUE DIN TOUS CHES MASONS, I N'FOROT PON GRAND COSE POU QU'TOUTE I BLAQUE PI QU'TOUTE I SEUCHE GARZI !

???

PRRRRR!

16ᴬ

BUC! BUC! BUC!

J'EL SAVOS BIEN QU'EJ PEUVOS COMPTER DSU MIN VIU COMARADE GROULTOUDIX ! AVEUC CHEL BOCHON MAGIQUE, ECH POURCHAU D'DESSÉPARATIX I VA T-ÊTE RESTAPLÉ !

OOOH, CHÉTOUTAMIX... DUCHMINT À CH'BEURRE !...

... I FEUT QU'TU SEUCHES ÉQ CHOL BOÉCHON MAGIQUE, CH'EST SEULMINT POUR VOS BATTE CONTE CHES ROMAINS, MAIS SEURMINT POINT POUR VOS PIGNER INSANNE !

MAIS QUO QU' CH'EST QU'OS FRONS SI QU'DESSÉPARATIX PI SES GINS IS NOS RACHAINN'TE AVEUC CHES ROMAINS ?

OS N'IN SOMME MIE COÉR LO. PI IN ATINDANT QU'CHES ROMAINS...

VLA CHES ROMAINS ! VLA CHES ROMAINS !

16ᴮ

MIN PÈRE ! N'DIS PON L'CONTRAIRE : CH'CAUP-CHI, DESSÉPARATIX I S'A VRAIMINT CONDUIT CONME UN CHEF !

FAUT DIRE CHOU QU'I NN'EST. CH'CAUP-CHI, I A MOUTRÉ QU'I ÉTOT CAPABE.

ACHTEURE, OZ Y VO, ASTÉRIX !!!

POINT COÉR, OBÉLIX ! OS POROÉME METTE IN DANGER DESSÉPARATIX ET PI SES HONMES !

UN MOLÉ PU TARD...

I FAUT FAIRE QUÈQUE COSE, MIN FONSIX !...

NIFF!

PFFF!

I N'FAUT MIE AVOIR PEUR, ZULMINE ! SI QU'MIN PÈRE I N'EST PON CONTE, OS ALONS S'ARINGER INSANNE POUR ÉCARBOUILLER CHES ROMAINS, ET PI POUR DÉLIBÉRER CHES HONMES D'ECH VILLAGE !

J'EN' SU PON CONTE ! MI PI DESSÉPARATIX OS N'SONME PON DU MÉME BORD, SEULMINT J'EN' VOROS PON QU'I PEUCHE CABALER IN DIJANT QU'EJ N'AI RIEN FAIT POUR LI !

NOM DÉ ZO !!! J'AI ÉNE IDÉE QU'AL EST COÉR PU BOÉNE !!!

NOUS EUTES OS N'SONME POINT CONNUS D'CHES ROMAINS D'PÈR ICHI ! MI, OBÉLIX ET PI PANORAMIX, OS ALONS SZÉ VIR. ET PI OS LEU DIRONS QU'SI IS VEUT'TE ÉDS ESCLAVES, OS SONME LO. CONME O, ÉNE FOÉS RINTRÈS DIN CH'CAMPEMINT, OS PORONS DÉLIBÉRER CHES PRISONNIERS...

CH'EST ÉNE FIN BOÉNE IDÈE, ASTÉRIX !

FIN BIEN ! HITE HITE AHITE ! ÉJ M'IN VOS POVOÉR VIR ÉCMINT QU'IS SONT CHES ROMAINS D'PÈR ICHI !...

CLAP ! CLAP ! CLAP !

... CHES ROMAINS, CH'EST CONME QUANTE O DÉJEUNE AU MATIN : IS SONT GRAMINT PU BOINS À MON D'ÉCHS EUTES !

DIN CH'CAMPEMINT D'CHES ROMAINS...

OS N'SRONS JAMAIS ESCLAVES ED TI, CH'ROMAIN !

TE L'SAIS COMBIEN QU'CHA COUTE, ÉNE RÉVELRIE D'ESCLAFES ? BUSIE BIEN DVANT D'SERVIR À RAFOURER LES BIÈTES SAUVACHES, DIN L'CIRQUE ED ROME !

D'ICHI LÀ, QU'IN LZÉ MÈCHE IN GAYOLE !!!

MI, J'ERPRINDS MES TROS TOURS DÉ MILACHE CONTE EM CORVÉE D'PÉLURE. CHA T'VA ?

LES PRIX IS ONT RINQUÉRI !... ACHTEURE, CH'EST QUATE TOURS DÉ MILACHE !...

IN INTANDI...

ADÉ, MES BONS AMISSES !

I N'FEUT MIE AVOÉR PEUR, ZULMINE. AVEUC ÉL SAVOÉR À PANORAMIX, AVEUC ÉL FORCHE À OBÉLIX, AVEUC ÉCH MUSIEU À IDÉFIX ET PI AVEUC MI QU'ÉJ SU T-UN ASTEU, OS RAMARONS TIN PÉRE RONDÉBILIS !...

CHES TROS MONIAUS-LÀ IS M'ONT L'AIR RUDMINT SEURS ED LEU CAUP ! EJ M'IN VAS LZÉ SUIRE ED LON...

EST RÉDEU !... IDÉFIX I N'DÉCESSE POINT D'NIFLER ÉDPU QU'OS SOMME PARTIS !...

FUCHE ! POUR MI I SINT DES TRACES ÉD SINGLIERS !

SI CH'EST O, CHES SINGLIERS IS SINT'TE JOLIMINT L'HÉRING, PÈR ICHI !

NIFF ! NIFF !

T'OS BIEN COMPRINS, OBÉLIX ? À PARTIR ÉD LO, OS SOMME ÉDS ESCLAVES, ET PI OS N'BUTCHONS POINT SU CHES ROMAINS !

DIS-MMÉ UN MOLÉ, ASTÉRIX...

... TU NN'OS DJO VU, TI, DES TCHIENS ESCLAVES ?...

HOLA !
TCHIÈCE QUÉ T'ES TI Z-AUTES, ET QUO QU'TE VEUX ?

OS SONME ÉDS ESCLAVES GAULOÉS, ET PI OS VOLONS SERVIR L'ARMÈE ROMAINNE !

BIEN ATOMBÉ ! IN VIENT DE N'D'AVOIR DES NOUVIAUS, QU'IS N'SONT POINT COR DÉGROCHIS !

TI, L'PANCHU, EJ TE WARDE À M'SERVICE !

BONG !

ÉJ SU PÉTÉTE UN ESCLAVE, MAIS J'ÉN' SU POINT PANCHU ! O, A N'EST POINT VRAI !!!

ET PI ACHTEURE, OBÉLIX, ÉCMINT QU'OS PORONS FOAIRE MONTRER QU'OS N'SONME POINT DES MALAPRINS ?

J'AI IDÈE QU'ÉJ M'IN VOS POVOÉR ARINGER O !...

DIN CHOL TOPETTE-LO, I Y-O DU CONTRÉCŒUP D'ÉMN INVINCION ! POUR QU'ÉCH ROMAIN I S'RATAMPICHE, I N'FEURO QU'ÉNE GOUTTE OU DEUX !...

I N'SÉ RAMINTURO MEUME PU D'ÉCH QU'I S'A PASSÉ !...

HOLA !
TCHIÈCE QUÉ T'ES TI Z-AUTES, ET QUO QU'TE VEUX ?

OS SONME ÉDS ESCLAVES GAULOÉS, ET PI OS VOLONS SERVIR L'ARMÈE ROMAINNE !

O CMINCHE À L'SAVOÉR !

CH'EST PON CROÏABE ! CHES GAULOÉS-LÀ IS PASS'TE TOUTE ! M'APINSE QUÉ MÉCHANT CAUP QU'IS INMANCH'TE CONTE CHES ROMAINS !

TI, L'PANCH...

NAN !

ÉJ VOS DMANDE PARDON, OS SONME ÉDS ESCLAVES ÉD PREUME QUALITÈ, ET PI OS N'POVONS SERVIR ÉQ CHES GRADÈS D'ÉCH CAMPÉMINT...

?!?

QUÉMINT QU'I SAVOT CHU QU'J'ALLOS DIRE ?...

CH'DRUIDE IL A OBLIÉ S'TOPETTE ! I FAUT QU'JEL RÉCOUCHE, EJ POROS PÉTÈTE ENN'AVOIR BÉSON !...

CH'EST TOUDI L'MÊME ! NOUS AUTES, LES SANS GRADE, IN N'A FOQUE DROT QU'À...

BERLING !

ACHTEURE, EJ M'IN VAS MILER CHES GAULOÉS À L'MUCHE TIN POT POUR SAVOIR ED QUO QU'IL ARTORNE !...

IN A TROS NOUVIAUS GAULOIS D'ARIVÉS, VIENDONBOIRÉNEGOUTEDJUS ! IS DIT'TE QU'IS VEUT'TE ÊTE TES ESCLAFES !...

?!?... J'ARAI TOUDI DU MAU À COMPRINTE LES GAULOIS !

CH'ROMAIN ! VLO : AVEUC MES APRINTIS, ÉJ VIENS M'METTE À TIN SERVICE POUR ÉT' MERMITONNER TOUT CH'QUÉ TU VOROS. ÉJ SU T-UN MOAITE IN COÉDRONNAGES : ÉCMANDE-MÉ CH'QU'I T'FROÉT PLAISI À MINGER. OS T'ACOUTONS !

POUR MI, CH'EST LES DIEUS QU'IS T'INVOT'TE, L'GAULOIS ! CHA M'CANGERA D'L'ORDINAIRE QU'IN A À MINGER ICHI !

OS SOMME CAPABES ÉD FRICOTER UN RPOS POUR TOUT VO RÉGIMINT ! QUANTE I Y ÉN' O POUR UN, I Y A ÉN' O POUR UN CHINT !

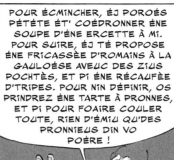

POUR ÉCMINCHER, ÉJ POROÉS PÉTÉTE ÉT' COÉDRONNER ÉNE SOUPE D'ÉNE ERCETTE À MI. POUR SUIRE, ÉJ TÉ PROPOSE ÉNE FRICASSÉE D'ROMAINS À LA GAULOÉSE AVEUC DES ZIUS POCHTÈS, ET PI ÉNE RÉCAUFÉE D'TRIPES. POUR NIN DÉFINIR, OS PRINDREZ ÉNE TARTE À PRONNES, ET PI POUR FOAIRE COULER TOUTE, RIEN D'ÉMIU QU'DES PRONNIEUS DIN VO POÉRE !

INTINDU ! DÉPÈQUE-TE ! À FORCHE ED T'ACOUTER, J'AGLAFE !

A N'SRO POINT LONG !

DIS-MMÉ UN MOLÉ, PANORAMIX, SI QU'OS RAJOUTROÊME ÉTOU SÉQUANTS SINGLIERS ?

?!? CH'EST À VIR... IN ATINDANT, AVANCHE COPER DU BOS, POUR ALEUMER NO FU !

N'IMPÉQUE ! MI J'DIS QU'ÉCH MENU-LO I MANQUE ÉD SINGLIERS !...

!

COP ! COP ! COP ! COP !

CH'EST D'EL MAGIE !... IN N'A JAMAIS VU COPER DU BOS AINSIN !...

O, CH'EST COÉR ÉRIEN ! ÉJ SU CAPABE D'EL FOAIRE AVEUC ÉNE TRONCHE D'ABE. SEULMINT, IDÉFIX I N'VEUT POINT...

UN MOLÉ PU TARD...

A SRO BIÉTOT TCHUIT !...

ÉJ SU CARMOUSSÉ, VIENDONBOIRÉNEGOUTEDJUS ! EM COUSIN, QU'I FAIT S'CONGÉ IN ARMORIQUE, I M'A DVISÉ D'UN DRUIDE QU'I AVOT DES DROLES DÉ POVOIRS... CHA M'ÉTONNEROT POINT QUÉ...

T'AS RAISON, FOUCHAALUS, I FAUT RWÉTIER CHA D'PRÉS !

CHINTURION, OS-TU INVIE D'GOUTER À M'SOUPE ? DIS-MMÉ SI AL EST BOÉNE !

ATINDS UN MOLÉ, L'GAULOIS : TCHIÈCE QU'I M'DIT QU'TE N'CACHES POINT À ÉNIERBER TOUT NO RÉGIMINT POUR TI DÉLIBÉRER LES PRISONNIERS ?!!!

T'OS POINT TORT, ET PI POUR ÉT' FOAIRE MONTRER QU'OS N'SOMME POINT MALAVISÉS, CH'EST NOUS QU'OS NIN BOÉRONS IN PREUME !...

PI POUR PERFOAIRE, OS NIN FRONS BOÉRE ÉTOU À CHES PRISONNIERS !!...

GLAV GLAV GLAV !

GLAV! GLAV! GLAV!

NON, OBÉLIX, POINT TI !

ET PI À CAUSE DÉ QUO, POINT LI ?

EST VRAI, O. À COEUSE ÉD QUOÉ ?...

PASQU'IL A BALÈ DIN CH'COÉDRON QUANTE IL ÉTOÉT TCHOT, ET PI...

... ET PI QU'I DOÉT POVOÉR S'ATNIR ÉD NIN BOÉRE POUR POVOÉR WARDER TOUT SIN COMPRINTICHOÉR, NOM DÉ ZO !!!

N'T'IN FOAIS POINT. OS SOMME LO POUR VOS FOAIRE ÉCAPER D'ICHI. CHOL BOÉCHON-LO, AL VOS DONNERO D'OL FORCHE ASSEZ POUR POVOÉR BERZILLER VOS TCHAINGNES ! QU'OS FUCHÈCHE PRÉTS QUANTE OS VOS FRONS SINGNE...

?!

UN MOLÉ PU TARD...

VOÉS TU, CH'ROMAIN ! TU N'AVOÉS POINT D'FREU À AVOÉR !

ET PI ACHTEURE, VU QU'OS N'AVONS PU D'SOUPE, OS ALLONS PASSER DIRECTÉMINT À CH'RESTANT...

CHES PRONNIEUS !

VLAN!

CH'MENU ! ACHTEURE, J'Y SU !!!

MI ÉTOU ! OS ATAQUONS !

TOUT CHA CH'EST D'EL FAUTE À CH'POURCHAU D'PICHONPORIX !

AVERMINT ! DÙ QU'CH'EST QU'I S'A MUCHÉ, CH' SOUQUARD-LÀ ?

IN N'L'A PU RVU DPU QU'IS T'ONT IMBARQUÉ !...

TANT PIRE ! J'AROS BIEN VOLU LI DÉCATOUILLER SES ÉCALLES !...

PICHONPORIX INVOLÈ, A N'MÉ DIT RIEN D'BOIN !

EST VRAI, ASTÉRIX ! WARDONS NOS ZIUS OUVERTS !

ET PI TI, FIGURE-TE QU'CH'EST PON POUR CHA QU'OS SOMME RAMISSÉS, VIU VOLEU !

SEURMINT PON ! ET PI CH'CAUP-CHI, I FAURA QU'OS S'BATTONCHE LOÏALMINT, VIU ABLAÏEU !...

CH'EST CHO ! IN ATINDANT, OS FROÈTE MIU D'PRÉPÈRER VO DÉFINSE DIN CH'VILLAGE ! CHES ROMAINS IS POROÉT'TE AVOÉR IDÈE D'ERVÉNIR !

À PERPO, ÉJ M'IN VOS COÉDRONNER D'OL BOÉCHON MAGIQUE, QU'A N'SERVIRO BIEN SEUR QU'À BUTCHER SU CHES ROMAINS, SI IS RAPASS'TE !

POUR EL MOMINT, CHES ROMAINS IS N'SONT POINT COR RATAMPIS. N'IMPÉQUE...

ACHTEURE EQ TOUT CH'VILLAGE IL EST DSU MIN DOS, MI J'M'IN VAS M'SERVIR ED CHES ROMAINS POUR M'ARVINGER...

... UN TIT PAW D'ECH BRUVAGE À CH'DRUIDE DIN CH'VIN À CH'CHINTURION, CHA VA PARFAIRE MIN PLAN !...

TERTOUS ICHI !

VA T'IN FAIRE CORNER L'RAHOTACHE ! ÉJ VEUX QU'TERTOUS I SEUCHE PRÉT À S'BATTE !

TARATARiii!

iS VONT VIR CHU QU'CH'EST QU'ED BERZILLER LA PAIX ROMAINNE !...

TARATA... BERLING!

?!?
...

L'IMPIRE ED ROME, I NOS PRIND POUR DES PRONNES!

L'VIEUX MONDE AINTIQUE I EST DRIÉRE NO CU !

IN-DZOU DES PAVÉS, EL SABE!

EJ SAIS CMINT QU'I FAUT FAIRE POUR ARMETTE ED L'ORDE DIN TOUT CHA. FAIS-ME PORTER ÉNE AIMPHORE PLEINNE ED VIN, ET PI TÉ VAS VIR ECH RÉSULTAT !

?!?

ARVLA COR ÉNE RINCHETTE !

DUCHMINT À CH'BURE ! I NIN FAUT POU TERTOUS !

JUPITER DÉ DJOUSSE ! J'EN' M'AI JAMAIS SI BIEN SINTU !

ET PI MI, DA ! MAIS TCHIÈCE QUÉ VOS ÉTE, EM BRAVE HOMME ?

32

UN MOLÉ PU TARD...

J'EN' SAIS POINT COR TCHIÈCE QUÉ T'ES, L'GAULOIS, MAIS RINDI RINDO, J'N'OBLIRAI POINT LES SERVICES QUÉ TE M'AS RINDUS !

OS NN'ARPARLÉRONS UN AUTE CAUP, APRÉ QU'T'ARAS RAGALI TOUT CH'VILLAGE, ET PI TOUS CHES GINS AVEUC !

MÉFIE-TE ! IS ONT UN DRUIDE QU'IL EST CAPABE ED CAUDRONNER ÉNE SOUPE QU'A LZÉ RIND PU FORTS EQ FORTS !

MI, J'AI UN TCHOT COUSIN DU COTÉ D'EM BIAU-FIEU QU'I A S'CAMPE- MINT DU COTÉ D'EL MER, QU'I M'A DVISÉ D'UN DRUITE QU'IL AROT DES POVOIRS ESPÉCIALS, J'EN' SROS POINT ÉTONNÉ QU'...

CH'EST VRAI, FOUCHAALUS ! I FAUT FAIRE ATINCION !

TANDI CH'TEMPS-LO, À CH'VILLAGE COPÈ IN II...

ACHTEURE, CHOL BOÉCHON MAGIQUE AL EST PRÉTE ! ÉDVANT QU'CHES ROMAINS IS RVIENCH'TE, I FEUROÉT PÉTÉTE ÉL PLACHER DSU UN TERRAIN NEUTE, ET PI BIEN WARDÈ !

MI, J'EL METTROS BIEN DIN L'CAHUTE À QUOCTINDIX, QU'AL EST IN PLEIN MITAN D'ECH VILLAGE !

29ᵃ

VA POUR EL CAHUTE À QUOCTINDIX, TANT PU QU'ECHL AGOSILE-LÀ I N'A JAMAIS TÉ CAPABE ED CUGIR SIN BORD !

ET PI JANMOAIS TU N'OS YEU L'IDÈE D'Y CAFADER UN PLANCHER, À T'CAHUTE ?

OS ALLONS S'ENN'OCUPER ABILE !

COR UN MOLÉ PU TARD...

PÈR PRÉCŒUCION, ÉJ PASSERAI M'NUIT TOUT PREU D'ECH COÉDRON !

PRINDS QUA MEUME UN CRAPEUD D'BOÉCHON MAGIQUE, ASTÉRIX ! O N'SAIT JANMOAIS. TU POROÉS NN'AVOÉR ÉDZOIN, MEUME AVEUC TOUT CH'COÉDRON-LO !

29ᴮ

CHEL NUIT-LO, À L'DÉBOQUE D'ECH BOS, À UN CŒUP D'CHOLETTE D'ECH VILLAGE...

MI, J'EM DÉMÉFIE D'ECH DRUIDE ET PI D'TOUS SES TOUILLAGES ED CARIMARO ! DVANT D'ATAQUER, EJ M'IN VAS ARCONNOÎTE CHES AGÉS !

EN' BOUGEZ PON D'LÀ PARSONNE ! ATINDEZ QU'J'ARVIENCHE !

INTINDU ! MAIS DÉPÈQUE-TE ! J'AI GRA-FAIM D'M'ERVINGER !

CHES DIUS D'CHES INFÉRS IS SONT AVEUC MI ! CH'EST CH'BADEU ED GRODÉGORDIX QU'I WARDE CHEL PORTE. AVEUC MI, IL EST PÉQUAÏ...

HOLA ! TCHÈCHE QU'I EST LÀ ?

CH'EST MI, PICHONPORIX !

30 A

J'EM DIJOS BIEN QU'I Y AVOT CONME UN FLAIR... QUO QU' TE TOUILLES PAR ICHI, BALOCHARD ?

EJ VIENS POUR DÉMANDER PARDON À DESSÉPARATIX, NO CHEF !

RINTE ! MAIS J'SROS D'TI, MI J'M'ATAROS D'APROCHER DESSÉPARATIX...

D'QUO QU'OS AVEZ PEUR DIN CH'VILLAGE, POUR TI ÊTE LÀ À MILER TOUT-ET-AU-LONG D'EL NUIT ?

QU'CHES ROMAINS IS ERVIENCH'TE ! COR HUREU QU' PANORAMIX ECH DRUIDE IL A PRÉPARÉ S'BOCHON MAGIQUE QU'AL EST AU RADO DIN L'CAHUTE À QUOCTINDIX !

HÉ ! HÉ !...

POUR MI, CH'EST BIEN L'PREUMIER CŒUP QU'ÉJ SU DIN ÉNE CAHUTE IN VOÉYANT CH'TEMPS AUDSU D'ÉM TÉTE !

BONG!

30 B

34

SEURMINT QU'J'ENN'ARAI BZON !...

QUÉ NAÏU, CH'PICHONPORIX ! TOUS CHES PORTES D'ECH VILLAGE IS VONT S'ERCLAQUER SU SIN NEZ...

?!

CRAAC!

À L'AYUDE !!!

31 A

PANORAMIX, I FEUT FOAIRE QUIQUE COSE ! FOAIS-I BOÉRE UN MOLÉ D'ÉCH CONTRÉCŒUP QU'T'OS DONNÈ À CH'ROMAIN...

AH, MIN PAURE OBÉLIX ! J'CROÉS BIEN QU'ÉJ L'AI TCHITTÉ AU COTÈ D'CHOL SINTINELLE !

D'TOUS LES SINS, ÉROÉT TÈ MALAVISÈ D'NIN FOAIRE BOÉRE À ASTÉRIX : CHTI-LO QU'I NN'O BU, I N'PEUT PU PRINDE ÉD BOÉCHON MAGIQUE PÈR DÉSSU, SANS QU'I FUCHE LAPIDÈ PÈR DES TROUBES PHÉNOMÉNALS !...

MAIS COÉR BIEN, ASTÉRIX I NN'ÉRO POINT L'USAGE !

CH'CŒUP-CHI, J'CROÉS QU'ÉCH TEMPS IL O TCHEU POUR DU BOIN SU M'CAOUÉTE !

CH'TEMPS IL O TCHEU SU NO CAOUÉTE À NOUS TERTOUS, ASTÉRIX ! PICHONPORIX IL O DÉROUFLÈ NO BOÉCHON MAGIQUE, ET PI I S'IN VO ABRUVER CHES ROMAINS AVEUC !

PEUT QU'MANQUER ! BOCHON MAGIQUE O BIEN PON, OS SARONS S'DÉFINDE RIEN QU'AVEUC EL FORCHE ED NOS BRAS !

CHA CH'EST INVOÏÉ ! DU SANG CH'EST POINT D'EL IAU !

PFFF !

31 B

NOS VLA À L'POINTLETTE DU JOUR, PI CH'EST À CHT'HEURE-CHI QU'T'ERVIENS, L'GAULOIS ! J'AI BIEN CREU QU'TE VOLOS NOS INGUEUSER !

MI, INGUEUSER CHES GINS ? JAMAIS D'LA VIE ! ARGUÈTE ICHI : **VLA CHEL BOCHON QU'AL RIND CHES GINS IMBATTABES !**

T'ES VRAIMINT SEUR QUÉ...

RAVISE-ME !

CRAAAC !

!
!
!
!
!
!

CLAPCLAPCLAP CLAPCLAP CLAP CLAPCLAP CLAP CLAP

BON, CHA VA CONME CHA. OS FROTE MIU D'QUÉMINCHER À NIN BOIRE EDVANT D'AVOIR TOUT CH'VILLAGE SU VO DOS !

UN MOLÉ PU TARD...

CH'EST BON ! TERTOUS I N'D'A PRINS ! TÉ VIENS AVEUC POUR ATTAQUER ?

CH'T À DIRE EQ NON... I VAUROT MIU QU'ON N'M'Y VOCHE PON... CH'EST UN PRÉCEPTE ED MORALE...

IN ROUTE !

J'AI PÉTÉTE COÉR ÉL TEMPS D'ERFOAIRE ÉNE TORNÉE D'BOÉCH...

CHES ROMAINS ! LZÉ VLA !!

I FEUT PROTÉGER CH'VILLAGE IN ALLANT AU DVANT D'CHES ROMAINS POUR LEU FOUTE LEU PIGNÉE !

38

BLING!

BONG!

PAN!

AH ! TOUT D'MÉME ! NOS VLA RVÉNUS À SIN !

ERPRINDEZ VOS PLACHES ! ERTORNEZ IN ORTE ED BATALLE !

35A

PALE DON, VIENDONBOIRÉNEGOUTEDJUS, À M'MOTE QUE L'HIERPE À L'INTOUR ED NOUS AL EST JOLIMINT HAUTE !!!

MI, Y A ÉNE SAIQUOI QU'J'EN' COMPRINDS POINT : ÉDÙ QU'IS SONT LES GAULOIS !?!

OS SONME PORTANT COÉR LO, CH'ROMAIN !

?!?

HAAAA!

39

MIN BOIN OBÉLIX, AVEUC ÉCH PAOUIN QU'T'OS INVOÉYÈ À L'SINTINELLE D'ÉCH CAMPEMINT, T'OS DÉTURBÈ TOUTE DIN CHES PLANS À CHES ROMAINS !

TCHÈCHE, MI ?...

HMM, DESSÉPARATIX, ACHTEURE EQ LA PAIX AVEUC CHES ROMAINS AL EST ASSEURÉE, EJ VOROS T'EDMANDER SI...

ÉNE MINUTE, MIN FIU ! N'OBLIE PON EQ MI PI TIN PÈRE OS SONME COR IN BISBROULLE, ET PI...

DESSÉPARATIX !
DESSÉPARATIX !

?!

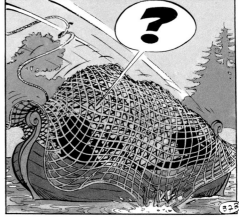

PICHONPORIX IL A PRINS ZULMINE ET PI IL A LAICHÉ CH'MOT D'BILLET-LÀ POUR TI !

QUEU VINDU ! QUEU BRINGAN !!!

SI QU'TE VEUX ARVIR ZULMINE, MUCHE CHINT AUREI AU PIED D'CHES VII BONNETTES DVANT QU'ECH SOLÉ I S'COUQUE
PICHONPORIX

QUEU MORDREU CHTI-LÀ ! QUEU PORITURE ! PI CMINT QU'ÉJ VAS FAIRE, MI, POUR TRUVOIR CHINT AUREI * EDVANT CH'VÈPE ?

J'M'IN VAS RPOURSUIRE PICHONPORIX, ET PI J'JURE PA-DVANT TOUTATIS QU'EJ RAMARAI ZULMINE ICHI !...

* CH'EST DES PIÈCHES IN DOR DU TEMPS D'CÉSAR

ATINDS ! MI PI OBÉLIX OS VNONS AVEUC TI !

...PI IDÉFIX ÉTOU !... BÉYEZ ! IL O DJO NIFLÈ CHOL COULÈE QU'AL S'IN VO À CHOL RIVIÈRE !...

NIFF! NIFF!

CONME D'EFFET...

HÉ, HÉ, M'TCHOTE ZULMINE !... J'AROS BIEN VOLU QU'NO TCHOT VOÏAGE I SEUCHE PU ROMAINTIQUE, MAIS J'N'AI PU D'AUTE MOÏEN POUR MI RÉCOUER T'DOTE !

?

41

IN SAIT FAIRE DU BEON PÉQUACHE DIN LES RIVIÈRES, SAIS-TE, M'FIEU ! ET LÀ, PO D'DINGER QU'IN QUÈCHE SU CES DIALES DE GAULOIS !

AD AUGUSTA PER ANGUSTA !

EH, CH'PIRATE, ACOUTE À TN'ORELLE, J'AI QUITE COSSE POUR TI !

J'AI INLVAÏ EL FILE À CH'CHEF DESSÉPARATIX, POUR LI ARVINDE CONTE **CHINQUANTE** AUREÏ ! GUÈTE : TANT QU'TI TE L'WARDES ICHI, MI J'VAS QUÈRE EL RINCHON PI ON FRONS MITAN-MITAN ! QUO QU'T'IN PINSES ?

HÉ HÉ ! CH'T'ÉNE IDÉE, CHA !

TE N'VAS TOUT L'MÊME PO FAIRE PART AVEUC ECH SAURET-LÀ ?

BÉ NEON ! DRÉ QU'I RVÈNRA SU L'BATIEAU AVEUC LES IARDS, IN LZÉ RÉCANGERA TOUS LES DEUX CONTE ÉNE EAUTE RINCHEON ! HGNYAHI ! HI ! HI ! HI !

POU LI ALER PU RADE, PICHONPORIX IL A DU SUIRE CHEL RIVIÈRE !

BOÉS UN MOLÉ D'BOÉCHON MAGIQUE ! CH'VINDU-LO I DOÉT COÉR NIN TNIR D'ÉCH QU'IL O LAPÈ !

LO !! UN BATIEU !

ET PI J'VOÉS BIEN TCHÈCHE ÉQ CH'EST ! M'EST D'AVIS QU'OS Y RTROUVARONS ZULMINE !

LES GAUGAU...

...LES GAUGAU...

QUEUS GAUGAU ? QUEUS GAU...

LES GAUGAU...

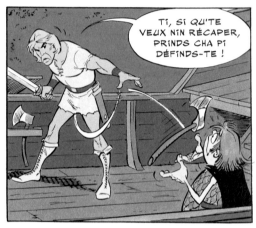

43

IN INTANDI...

ASTEU'E QU'IN A SOMB'É DIN LES MÉ'S ET DIN ÉNE 'IVIÈ'E, IN N'A PU QU'À 'TO'NER SU L'TIE''E !

UNA SALUS VICTIS, NULLAM SPERARE SALUTEM !

AHITE ! I FEUT RAPURER DESSÉPARATIX !

QUAND QU'IN PASSE ÉNE ANGOUCHE CONME CHA I FAUT SAVOIR OBLIER TOUS NOS CASTILES. EJ SU D'TOUT CŒUR AVEUC TI, DESSÉPARATIX !

ELS ERVLA AVEUC ZULMINE !!!

OH MIN TCHOT PAPA ! FONSIX I S'A CONDUIT CONME UN VRAI CHEF !

FONSIX I S'Y A PRINS DINEMINT, IL A L'DROT À TOUT NO MERCI !... MAIS I N'FAUT QUA MÉME PON FORCHER, ZULMINE !

40A

NON MONSIEU ! PASQUÉ FONSIX CH'EST UN FIU D'CHEF !

AWÈTE ! UN FIU D'CHEF !! ICHI, CH'VRAI CHEF, CH'EST MI !

OH ! OS CMINCHEZ À NOS ÉCHOUIR ! SI QU'OS ÉTE POUR ES BATTE, PIGNEZ-VOUS À PART VOUS DEUX !!!

?!

?!

ZULMINE AL EST DIN L'VRAI. SI QU'OS VOLEZ S'BATTE, EQ CHA SEUCHE IN DÉYOR D'ECH VILLAGE ! IN NN'EST MATES ED TOUS VOS ALÉGACIONS !

UN MOLÉ PU TARD...

AVEUC EL FORCHE ED MES MAINS, TU VAS VIR ICHI QUO QU'CH'EST QU'UN CHEF, UN VRAI, VIU GAGA !

CH'EST TANT PIRE POUR TI ! AINTIQUITÉ POUSSIUSE !

40B

44

i FEUT QU'ÉCHL ARBITE i FUCHE ÉTCHITABE ! ÉJ SU VOZ HONME !

VLO CHES RÉGUES À SUIRE : OS POREZ BATAILLER DUSQU'À DMAIN À L'POINTLETTE ! CHTI-LO QU'I RESTRO ÉTALÈ À TERRE COMPTÈ DUSQU'À CHINT, IL ÉRO PARDU ! INTINDU ? QU'ÉCH PU FORT i GAINGNE !

VLAN !

FLAC !

V PIÈCHES SU DESSÉPARATIX !

XV SU DESSÉPARATIX !

X SU CHÉTOUTAMIX !

41A

CHA N'IN FINIT POINT... TOTAL, AU VÈPE ECH PUBLIC i N'IN PEUT PU, PI TERTOUS i S'IN RVO À S'CAHUTE.

PAF ! PAF !

À M'MODE QU'I NY-A À RVIR À CH'RÉGLÉMINT DIN DES COMBATS CONME ECHTI-LÀ !

A CMINCHE À BIEN FOAIRE, ÉJ M'IN VOS À CHLOFE, ASTÉRIX !

OUAAAAH !... NOUS ÉTOU. POUR MI PI IDÉFIX, DES BATAILLERIES SANS ROMAINS PI SANS SINGLIERS, CH'EST DES NUNUTRIES DÉ RIEN !

ZZZZ !

MEUME ASTÉRIX IL O FINI PAR S'ADOVER ! À L'FERTILLE, i N'Y O PU QU'CHES DEUX CHEFS QU'IS SONT COR À S'CAPIGNER...

PAF ! PAF !

ZZZZZ !

ET PI, À L'POINTLETTE...

COQUIOCOOO !

?!?

RRRAAN ! ZZZZ !

41B

45

47

Ch'est route
POUR ECH CŒUP-CHI

-UDERZO- 4.50

48

LE DÉFI D'ASTÉRIX

En 2006, les Éditions Albert René nous lancent un nouveau défi : traduire un autre album d'Astérix ! Le premier signé par Albert Uderzo seul, *Le Grand Fossé* !

Cet album nous a enthousiasmé à plusieurs niveaux. Cette brouille entre Gaulois, doublée d'une belle intrigue amoureuse, couronnée par un « ramissage » dont seul Astérix pouvait avoir le secret, convenait parfaitement à notre programme. Nous devions absolument conserver le principe de faire alterner plusieurs formes de picard, qui était l'une des clés du succès d'*Astérix i rinte à l'école*. Les linguistes décrivent avec minutie toutes les riches nuances qui nous échappent quand nous parlons spontanément picard : notre but n'est pas de les reproduire dans le détail, mais de permettre à chacun de s'y retrouver, quelle que soit sa région d'origine.

Dans le premier album, la technique de traduction adoptée prenait en compte le découpage de l'album en quatorze histoires courtes, alternant des traductions orientées tantôt vers le Nord-Pas-de-Calais, tantôt vers la Picardie. Ici, dans *Le Grand Fossé*, nous avons rapidement émis le projet, comme le souhaitait notre éditeur, d'attribuer les variantes en fonction du village d'appartenance des personnages. La méthode suivie est donc la suivante : Astérix et ses amis parlent un picard « d'en bas » c'est-à-dire celui du Ponthieu et du Vimeu, de l'Amiénois ou du Santerre ; en effet, leur village est situé à proximité de la mer et d'un camp romain nommé « Bedsum ». Situé plus au nord, le village séparé en deux parle un picard « d'en haut » : celui de l'Artois et des Flandres françaises. Les soldats romains cantonnés à proximité de ce village ont pris l'accent local, mais ils parlent avec quelques intonations « rouchies » venues du Hainaut et de Valenciennes. Puis nous avons imaginé que les pirates (d'eau douce, dans cet album) avaient remonté l'Escaut jusqu'à Tournai : quelques sonorités typiques en témoignent ici. Enfin, il nous reste un personnage, celui du traître, qu'Albert Uderzo a dénommé Acidenitrix, et qui est devenu instinctivement chez nous « Pichonporix ». Allez comprendre pourquoi il parle avec un accent des faubourgs de Boulogne ? Que nos amis de la Beurière veuillent bien nous excuser, nous n'avons pas pu mater ce félon !

Avec tous ces ingrédients, page après page, ensemble à la même table, nous avons « caudronné » tout au long de cet hiver notre potion picarde que nous vous servons ici. Le contenu détaillé de la marmite de *Ch'village copè in II* figure dans le lexique. Ce deuxième Astérix en picard contient toutes les saveurs d'ici ! Retrouvez dans votre lecture, seul dans votre « cadot », à haute voix en famille ou entre amis tout le plaisir que nous avons eu à le traduire ! *Prindez éne bonne panchie d'bochon magique picarde* !

Alain Dawson, Jacques Dulphy, Jean-Luc Vigneux

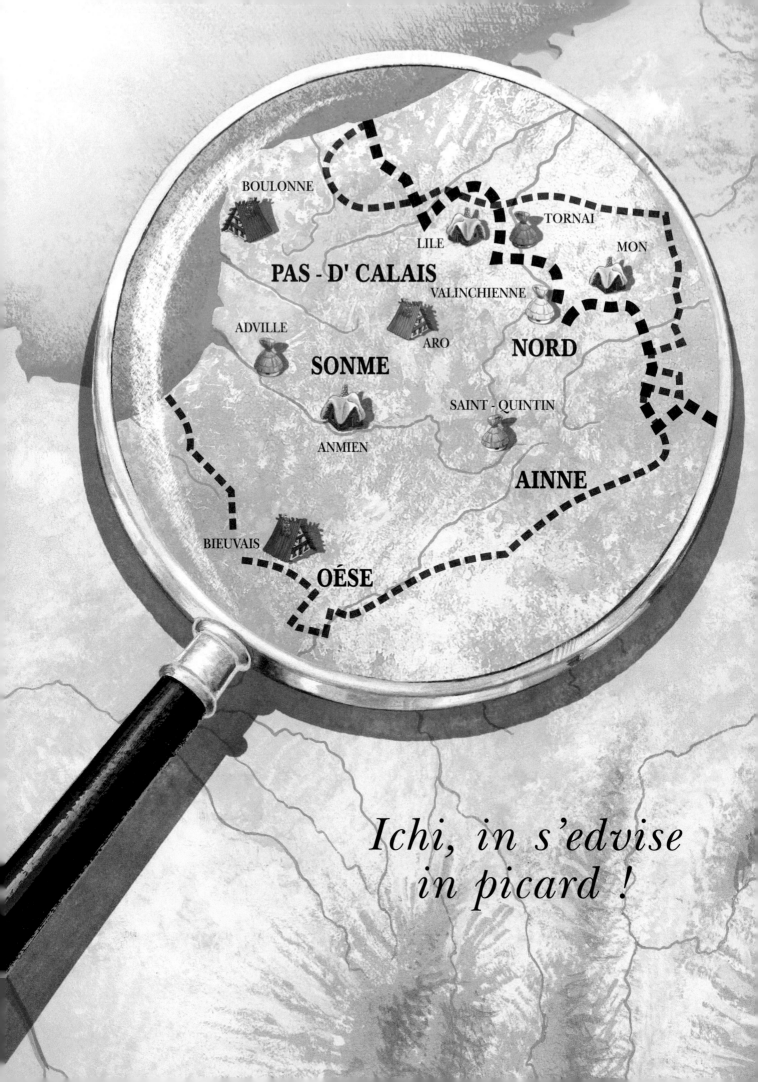

Ichi, in s'edvise
in picard !

LEXIQUE

Les mots sont traduits ici dans le sens qui leur est donné dans le texte. Avec les éventuelles localisations, ces définitions ne constituent que des aides à la compréhension de l'album.

Abréviations :
(Am.) : Amiénois et régions voisines.
(Boul.) : Boulonnais.

A

abe : arbre
abile ! : vite !
abistoqué : accoutré
ablaïeu : baratineur, vantard
abouter : confiner à, toucher par un bout
acamailler (s'-) : s'acoquiner
acater : acheter
accion : appétit
achteure : maintenant
acourcheu : tablier
acouter : écouter
acravinter *(Nord)* : écraser, écrabouiller
adè : au revoir
adercher (s'-) : s'adresser
adire (s'laicher -) : se laisser convaincre
adon : alors
adover (s'-) : s'assoupir
aglaver : mourir de faim (ou de soif)
agosile : imbécile
ahite ! : vite !
aladon (ch'est -) : ça tombe bien (ou mal)
alégacions : disputes, querelles
alfos *(Nord)* : parfois
angouche : douleur vive
apinse (m'-) : je me demande
aploute : nigaud
apoé (à l'-) : près de
ara : aura *(futur de «avoir»)*
arager : enrager
arconnoite ches agés : reconnaître les lieux
arguète ! *(Boul.)* : regarde !
arien ! *(Boul.)* : exclamation vague
arniront (is s'-) : ils repartiront
arsaquer, ersaquer : retirer, faire partir
artorne (d'quo qu'il -) : de quoi il retourne
arvienche (qu'j'-) : que je revienne
arvinger (s'-) : se venger
arvir : revoir
asi : brûlé
asniquaï *(Boul.)* : assommé
Assapix : *cf. «assapi» = assoiffé*
asteu : malin, astucieux
ataros (j'm'-) : je m'abstiendrais *(de «s'atnir»)*
atnir (s') : s'abstenir, s'empêcher
atombé (bien - !) : ça tombe bien !
avermint ! *(Nord)* : mais au fait !
awète ! : mouais... *(exclamation dubitative)*
ayude, ayute : aide

B

badeu *(Boul.)* : lourdaud, niais
bafiou : littéralement : celui qui bave
baler : renverser, basculer, tomber dans
balle (ch'est m'-) : ça me convient parfaitement
balochard : nigaud
barette : casque
barzillaï *(Boul.)* : cassé, démoli *(voir «berziller»)*
basse-cambe : toilettes, latrines
bédu ! *(Tournaisis)* : ça alors ! *(exclamation)*
bénache *(Nord)* : content
beon *(Tournaisis)* : bon *(voir «boin»)*
berche : berceau
berdaf ! : badaboum !
berdleu : bavard
berloquer *(Nord)*, **berlotcher** *(Am.)* : chanceler
berlure : erreur
berneu : souillé
berziller : casser, briser
beutier : lourdaud *(littéralement : bouvier)*
béyer *(Am.)* : regarder
biau *(Nord)*, **biaw** *(Boul.)* : beau *(voir «bieu»)*
biète *(Nord)* : bête
bieu *(Am.)* : beau *(voir «biau»)*
billet (mot d'-) : billet, message
billet d'malade : congé maladie
biloute *(Nord)* : terme d'affection
bisbroulle (in -) : en bisbille, en désaccord
bistoquer *(Nord)* : souhaiter la fête (en offrant des fleurs)
blaquer : flamber
bochon *(Nord)*, **boéchon** *(Am.)* : boisson ; potion *(magique)*
boéne *(Am.)* : bonne *(féminin de «boin»)*
Boénemine : Bonnemine
boin *(Am.)* : bon
bonnette : petite borne *(cf. «Les sept bonnettes» : site mégalithique à Sailly-en-Ostrevent)*
bos [substantif masculin] : bois
bos [adjectif] *(Am.)* : bas
bouque : bouche
bourjotins : gens de la ville *(péjoratif)*
boursiau : bosse
bradé (min -) : mon chéri *(terme d'affection)*
braire : pleurer
braque : fou
brin : saleté
bringan : brigand
briscander *(Boul.)* : gâcher
brongne : figure
brucher : brosser
buc ! buc ! : toc ! toc !
buée : lessive
buquer *(Nord)*, **butcher** *(Am.)* : taper, frapper
bure : beurre
buriau : bureau
busier : réfléchir
butcher *(Am.)* : taper, frapper *(voir «buquer»)*
bzon, dzon, édzoin : besoin

C

cabaler *(Am.)* : mener une campagne électorale
cacher : chercher
cafader : bricoler
cambe : chambre
canchon : chanson
canger : changer
canter : chanter
caouéte : tête
capiau : chapeau
capigner (s'-) : se battre
carette : charrette
carier drot : suivre le bon chemin
carieu : porteur
carimaro : sorcier
carmousser (s'-) : s'inquiéter
castiles : querelles
Catelène : Catherine
catérneu : ombrageux ; délicat, sensible
caudronner *(Nord)*, **coédronner** *(Am.)* : mitonner, préparer un plat
caufer : chauffer
cauquemal : cauchemar
cérusien : médecin
chèques (il arot bu - et tonniaus) : il aurait bu la mer et ses poissons
chétlo : ceux
Chétoutamix : *cf. «ch'est toute à mi» = tout est à moi*
chlofe (à -) : au lit
chochon : camarade, compère
chol *(Ponthieu, Vimeu)* : la
cholette (à un cœur d'-) : à un jet de pierre, à proximité
choumaque : bricoleur *(littéralement : savetier)*
chti, echti : celui
clogn : *cf. «clognon» = clin d'œil*
cmin : chemin
cmincher, écmincher, quémincher : commencer
cminèe : cheminée
cmint, écmint, quémint : comment
co : coq
coédron *(Am.)* : chaudron
coédronner *(Am.)* : mitonner, préparer *(voir «caudronner»)*
coér *(Am.)*, **cor** *(Nord)* : encore
coésir *(Am.)*, **cugir** *(Nord)*, **cusir** : choisir
cœude : coude
coicher (s'-) : se faire mal
coïette (à l'-) : tranquillement
comprintichoér : entendement, compréhension
congé : service militaire
connichons, connos, connot *(Nord)* : connaissons, connais, connaît *(formes verbales)*
contrécœup, contrépoéson : antidote
coquioco ! : cocorico !
corner : sonner
coron : bout ; quartier
corporè : corpulent
cose : chose
coulèe : trace, piste
couquer (s'-) : se coucher
crapeud *(Am.)* : gourde
cugir, cusir *(Nord)* : choisir *(voir «coésir»)*

D

da : *(particule énonciative)*
dalache : désordre
débistraque : souffrant
déblaïer : débarrasser
déboque d'ech bos : orée du bois
décarocher *(Nord)* : délirer, perdre la tête
décarpir *(Nord)* : démolir
décatorner : détourner, faire faire un détour

décatouiller : chatouiller
déclaquer sin caplet : dire ses quatre vérités
décrampir (s'-) : se dégourdir
définir (pour nin -) : finalement, pour finir
défusquinté : dérober, voler
délibérer : délivrer, libérer
déloufer : vomir
déméfier (s'-) : se méfier
dénorter : détourner *(du droit chemin)*
dépéquer (s'-) : se dépêcher
dépiannè *(Vimeu)* : mis en pièces
déracé : dégénéré
dérinviller : réveiller
déroufler : dérober, voler
desboter (s'-) : se déshabiller, se mettre torse nu *(terme de mineur)*
dessaaquer : retirer
Desséparatix : *cf. «desséparer» = séparer*
desséparer : séparer
déturber : perturber, déranger
diale : diable
djérier *(Am.)*, **wérier** *(Nord)* : guerrier
djeulie *(Am.)* : bouchée
djousse (nom di -) : nom de dieu
dor : or
doù *(Am.)*, **dù** *(Nord)* : où
doubes : argent
dré qu' : dès que
driére : derrière
dù *(Nord)* : où *(voir «doù»)*
dusqu'à : jusqu'à
dvant, edvant : devant ; avant
dviser : parler
dvot'te (is -) : ils devaient
dzeur : dessus
dzon : besoin *(voir «bzon»)*
dzou : sous, dessous

E

eaute *(Tournaisis)* : autre
ébreudi *(Am., Vimeu)* : étourdi, écervelé
écalle : écaille
écange : échange
écaper : échapper
écarbouiller : écraser
échouir : abasourdir ; assommer
echti : celui *(voir «chti»)*
écmander : commander
écmincher : commencer *(voir «cmincher»)*
écmint : comment *(voir «cmint»)*
écoitir : écraser ; battre
édpu : depuis
edsu : dessus, sur
edvant, édvant : devant ; avant *(voir «dvant»)*
édzoin : besoin *(voir «bzon», «dzon»)*
éli : élu
émn : mon
éne : une
énhui *(Am., Vimeu)* : aujourd'hui
énierber *(Hainaut)* : empoisonner
erboter (s'-) : se rhabiller *(terme de mineur)*
erchuvarot'te (is -) : ils recevraient
ermettroéme (os n' -) : nous ne remettrions
ernarè : malin
éro (il -) : il aura
éroét *(Am. Vimeu)*, **érot** *(Boul.)* **(il -)** : il aurait
éront (is -) : ils auront
erprinde : reprendre
ersaquer : retirer *(voir «arsaquer»)*
ertorner : retourner
ertruvoir : retrouver
erviench'te (qu'is -) : qu'ils reviennent *(voir «arviench'te»)*
ervinger : venger

erwète (cha m'-) *(Nord)* : ça me regarde
escabreu : risqué
étampi : debout
étlè : étoilé
etn : ton
étonme (os -) : nous étions
étou *(Ponthieu, Vimeu)* : aussi
euchonche (qu'os n'-) : que nous n'ayons

F

faura (i -) : il faudra
ferniète *(Nord)* : fenêtre
fertille (à l'-) : à la belle étoile
feuro (i -) : il faudra
feuroét *(Am.)*, **forot** *(Nord)* **(i -)** : il faudrait
feut : il faut
fiate : confiance
ficheu : putois
fien : fumier
fieu *(Hainaut)*, **fiu** : fils
flair : odeur repoussante
foaiche (qu'i -) : qu'il fasse
foait'te (is -) : ils font
folu : fallu
Fonsix : *d'après «Alphonse» le héros de Simons*
foque *(Nord)* : ne ... que, seulement
forot (i -) *(Nord)* : il faudrait *(voir «feuroét»)*
Fouchaalus : *cf. «fous cha à l'uche !» = mets ça à la poubelle !*
foufièle (in -) *(Artois, Hainaut)* : excité
freu : peur, frayeur
freume (i -) : il ferme
froète *(Vimeu, Amiénois)*, **frote** *(Nord)* **(os -)** : vous feriez
fu : feu
fuche ! : soit !
fuche (i -) : il soit
fuchèche (qu'os -) : que vous soyez

G

gaingner : gagner
galibier : garnement
garzi : brûlé
gayant : géant
gayole : cage à oiseaux ; prison
gingin : intelligence
goujard *(Nord)* : garçon de ferme
goulafe : gourmand
gra-faim (j'ai -) : j'ai hâte
gramint : beaucoup
Grodégordix : *cf. «gros dégordi»*
grouler : bouder ; grommeler, grogner ; assombrir
Groultoudix : *cf. «groule toudi»*
guète ! *(Boul.)* : regarde !
gueuche : gauche

H

hapchar : grippe-sou, avare
hénon : coque *(coquillage bivalve)*
héring : hareng
hierpe *(Hainaut)* : herbe
hite ! : vite ! *(voir «ahite !»)*
hontabe : honteux
horzin : étranger

I

iards *(Tournaisis)* : argent (liards)
imbarros : embarras
impéque (n'-) : peu importe
inchpaï *(Boul.)* : maladroit
incloüre : tournure des événements
incorser : avaler ; croire ; accepter
increuyabe : incroyable
infilure : tournure des événements
infnouillage : embrouillamini
infnouillé : embrouillé
infuter (s'-) : s'introduire
ingajaï *(Boul.)* : engagé
ingueuser *(Nord)* : tromper
inlvaï *(Boul.)* : enlevé
inmancher : préparer, mettre en train
insanne : ensemble
intandi : pendant
intiquer ; s'intiquer : enfoncer ; s'immiscer
intraï *(Boul.)* : entré
invot'te (is -) : ils envoient

J

Jacque (foaire l' -) : faire l'idiot
jonne : jeune
joutchè : juché ; couché, prêt à dormir
ju : jeu ; affaires
juer : jouer
jurèche (qu'os -) : que vous juriez

L

lapider : tourmenter
leu, leus : leur, leurs
lon *(Nord)* : loin
loute : terme affectueux

M

maginer : imaginer, concevoir
malaprins : mal élevé, irrespectueux
malavisè : porté à de mauvaises intentions
mareude (à -) : en chapardant
margré : malgré
marqué *(Nord)* : marché
mason *(Nord)* : maison
mate : fatigué, faible
mau : mal
méchant : mauvais ; insignifiant
mèche (qu'i -) : qu'il mette
mergousser (s'-) *(Vimeu)* : se régaler
mermitonner *(Vimeu)* : cuisiner avec soin ; exécuter les tâches de la cuisine
mie : pas, pas du tout
miéne (el -) : le mien
milache *(Hainaut)* : guet, surveillance
miler : guetter, surveiller
milette (éne -) : un petit peu, un petit morceau
mitan : moitié ; milieu
miu : mieux
moaite : maître
molé (un -) : un peu
mon (à -) : chez
monchau : tas

mordreu : meurtrier ; au figuré : brute
mote (à m'-) *(Nord)* : à mon avis
mouille : moule *(coquillage bivalve)*
mouse (foaire es -) : faire la tête, bouder
muche tin pot (à -) : en cachette
mucher (es -) : se cacher

N

naïu : naïf
nénin *(Nord)* : bébé
neon *(Tournaisis)* : non
nétier : nettoyer
Neulémine : *cf. Nœux-les-Mines (nom de ville)*
nicdoulle : imbécile
nifler : flairer
niflette : narine
nin : en ; n'en
nom dé zo : juron
noriche : nourrice
nunutrie : amusement, menue occupation

O

o [pronom démonstratif] *(Am., Vimeu)* : ça
ons (os -) : nous avons
orte *(Hainaut)* : ordre
oute *(Nord)* : fini

P

pale don *(Hainaut)* : dis-moi
panche : ventre
panchu : ventru, bedonnant
paouin *(Am.)* : coup, gifle
papin : bouillie ; colle
paure : pauvre
paw (un tit -) *(Boul.)* : un petit peu
pélure *(Hainaut)* : épluchure
péquache : produit de la pêche en mer
péquaï *(Boul.)* : pêché ; au fig. : attrapé, coincé
perfoaire : faire au mieux
perte à l'gaingne (à l'-) : le tout pour le tout
peuche (qu'i -) : qu'il puisse
peume : pomme
pichon : poisson
Pichonnix : *cf. «pichon»*
Pichonporix : *cf. «pichon pori»*
pierte *(Hainaut)* : perdre
pignèe : volée de coup
pigner : se donner des coups
pluré *(Hainaut)* : épluché
pochon : coupe, calice
pochtè : poché
pointlette : aurore
polir *(Nord)* : repasser le linge
pon : (ne) pas
posè : calme, mesuré
pouquo *(Nord)* : pourquoi
pourchau *(Nord)* : cochon
pourchi : porcherie
pourette : poussière
poussiu : poussif
précepte : principe, morale
preume : premier
proficiat ! *(Nord)* : bravo !
pronne : prune
pronnieu : pruneau

Q

quèche (qu'in -) *(Nord)* : qu'on tombe
quémincher : commencer *(voir «cmincher»)*
quémint : comment *(voir «cmint»)*
quèr : cher
quèr (avoir -) : aimer
quère *(Nord)*, **tchère** *(Am.)* : chercher ; tomber
Quoctindix : *cf. «quo qu't'in dis ?»*

R

rachainde : attaquer
rade : vite
radiminchè : réparé
rado (au -) : à l'abri
rafourer : donner du fourrage ; nourrir les animaux
rafuler : recoiffer
ragalir : aplanir
rahansemint : réparation
rahotache *(Hainaut)* : rassemblement
rahouper : rappeler
raison : raisonnement, argument
ramarai (ej -) : je ramènerai
ramarons (os -) : nous ramènerons
raminturo (i s'-) : il se souviendra
ramintuves (te t'-) : tu te souviens
ramissage : réconciliation, concorde
ramissè : réconcilié
ramon d'chorchèle *(Hainaut)* : gui
ramonner : balayer
rapasser : revenir
rapiotir : rapetisser
rapurer (s'-) : se calmer, se tranquilliser
rassanner : rassembler
ratampir : relever
raviser : regarder
récaper : réchapper
récouer : récupérer
rédeu : curieux, étonnant
régalant : appétissant
réiu : las, fatigué à l'extrême
répilet : banquet
répourer : enlever la poussière
rérez (os -) : vous aurez à nouveau
restapler : écraser
rétu : mignon
révelrie : rebellion
rieu : ruisseau
rincheon *(Tournaisis)* : rançon
rinchette : supplément de boisson
rinchonnure : rossée, volée de coups
rindi-rindo : donnant-donnant
rinfiquer : répliquer
rinfreumer : renfermer
rinquèr : augmentation (des prix ou des salaires)
rinquérir : augmenter, devenir plus cher
rondébilis : vivement mené
roustir : battre, vaincre
rsanner : ressembler
ruse : tracas, tourment
rusteu : costaud

S

Saint Roc et pi sin tchien : amis inséparables
saiquo, saiquoi (éne -) : quelque chose
saquant (un -), séquants : quelques

saquer : tirer
saudard : soldat
Saudénepus : *cf. «saut d'éne puche»*
sauret : hareng saur
séquants : quelques *(voir «saquant»)*
seuche (i -) : il soit
seuches (qu'tu -) : que tu saches
seutrelle : crevette grise
sin [adjectif possessif] : son
sin [substantif masculin] : sens
sintimint : odeur forte
soin ! *(Am.)* : attention !
solé : soleil
sorler *(Nord)* : soulier
sot *(Nord)* : fou
souquard : hypocrite
suiche (qu'ej -) : que je suive

T

tayon : ancêtre
tchaingne : chaîne
tchèche *(Am.)*, **tchièce** *(Hainaut)* : qui
tchèt'te *(Am.)* : tombent *(du verbe «tomber» – cf. «quère» = tomber)*
tchitter *(Am.)* : laisser
tchot : petit
temps : temps ; ciel
tertous : tous
tiète *(Nord)* : tête
tincion ! : attention !
topette : fiole
toudi : toujours
touillage : mélange
touiller : mélanger
trau *(Nord)*, **treu** *(Am.)* : trou
tronche : tronc
trutè : corrompu, gâché
truvoir : trouver
ttaleure : tout à l'heure
tuter : boire, s'enivrer

V

vèpe : soir
vertillant : vigoureux, fringant
Viendonboirénegoutedjus : *d'après la chanson «Eune goutte ed jus» d'Edmond Tanière*
vigin *(Nord)* : voisin
vinguète ! *(Boul.)* : juron
vir : voir
vuidier *(Nord)* : sortir

W

wardache *(Hainaut)* : garde
warder : garder
wérier : guerrier *(voir «djérier»)*
wète ! *(Nord)* : regarde !

Z

ziu : œil
Zulmine : *d'après «Zulma», l'héroïne de Simons*

AVEZ-VOUS TOUT LU ?

DES MÊMES AUTEURS AUX ÉDITIONS ALBERT RENÉ

TCHAC!

IS SONT FIN BRAQUES CHES ROMAINS-LO !